BRICE SAIN...

D0839946

VOTRE
GUIDE
PRATIQUE

BÉLIER

(21 mars - 20 avril)

DU MEME AUTEUR

PROFESSION SORCIER
Editions Robert Villon

L'ORACLE PRECIEUX
Editions Robert Villon

**LES MILLE ET UNE
RECETTES DU SORCIER**
Editions Robert Villon

APPELEZ-MOI BRICE
Emission sur Télé Monte-Carlo

MINITEL 3615 SAINTCLAIR

SOMMAIRE

" L'essentiel est invisible aux yeux "
Saint Exupéry

CIEL... MA DESTINEE !

Croire ou ne pas croire en l'Astrologie. Savoir la différence entre Astrologie et Horoscope, entre Prévisions et Prédictions... Avant de vous parler de vous et votre signe, j'aimerais dialoguer à bâtons rompus et vous donner mon point de vue sur ces questions que vous vous posez sûrement.

Oui, l'Astrologie, j'y crois. Pourtant, je ne suis pas astrologue. L'astrologie me sert, en tant que medium, à tracer les grandes lignes de la personnalité de mon consultant. Et, en tant que sorcier, elle me permet de déterminer les dates favorables pour réaliser mes "travaux". J'utilise d'ailleurs plus volontiers dans ce cas l'astrologie des étoiles (plus communément appelée astrologie sidérale) qui, dans toutes les Traditions préside aux travaux de magie.

Quant à l'horoscope, il faut le prendre pour ce qu'il est : un amusement qui, le plus souvent, même s'il est traité sérieusement, se révèle très approximatif. Soyons logique, comment voulez-vous, en quelques lignes, définir l'avenir de millions de personnes nées sous le même signe ! Il est d'ailleurs dommage de réduire l'astrologie à cette seule fonction, distrayante et médiatique, certes, mais peu représentative de ce qu'est la véritable astrologie et du travail de fourmi des astrologues dignes de ce nom.

UNE PORTE OUVERTE
SUR LA MEDIUMNITE

Quand aux prévisions qui peuvent être établies suivant la lecture et l'interprétation d'un thème, il ne faut pas les confondre avec les prédictions qui relèvent de la médiumnité pure et simple.
Pourtant, au fil des consultations, des constantes vont se dégager en fonction de certains aspects planétaires. Peu à peu, le medium confrontera ses intuitions et le message des astres. Il en tirera de véritables leçons et la certitude que" ce qui est en haut est conforme à ce qui est en bas".
Si chaque jour je me livre, sur les ondes de Télé Monte- Carlo à ce petit exercice de style que l'on nomme horoscope, j'ai voulu ici vous transmettre les bases qui sont miennes et qui constituent, en quelque sorte, un tremplin à ma médiumnité.
En effet, l'intuition ne suffit pas toujours pour donner à un consultant l'aide qu'il attend de nous. Les flashs, les visions : c'est merveilleux,

certes, mais faut-il encore les interprèter correctement. Ce qui compte, dans notre métier, ce
n'est pas d'éblouir par un "prétendu don" mais
bien de permettre à celui que nous recevons de
partir avec des solutions. Or, si les astres incli-
nent, ils n'imposent pas et le vrai but d'une
consultation est avant tout, pour moi, de faire
connaître son destin à mon consultant afin de lui
permettre de mieux le maîtriser.

Medium : oui. Astrologue : parfois. Mais avant
tout Sorcier.

Vous êtes né avec des données : planétaires, gé-
nétiques, éducatives, cela induit les grands axes
de votre destin, mais, je l'affirme ici, rien ne
vous oblige à le subir si il ne vous convient pas.

LA PENSEE MAGIQUE OU
COMMENT CHANGER DE VIE

La pensée magique est le contraire du fatum.
Aussi, si je vous trace, dans cette série de douze
livrets, les grands axes de votre caractère, de
votre destinée, de vos relations avec les autres
natifs, c'est afin de vous éclairer sur vous-même
et, éventuellement, de vous permettre de changer d'idées, d'impulsions, de mentalité et pourquoi pas : de vie.

Maintenant, avant d'aborder ce qui est spéci-
fique à votre signe, je vous invite à découvrir
quelques secrets du Zodiaque afin, si l'astrologie n'est pas votre tasse de thé, de comprendre
un peu mieux le jargon de ces "jongleurs

d'étoiles"que sont les astrologues.

Le Zodiaque : c'est une ceinture qui entoure la terre et qui n'a ni début, ni fin. Son nom vient de Zoo qui signifie animaux, en raison des noms donnés aux constellations, qui relèvent en majorité de ce règne.

L'Astronomie : c'est une science qui consiste à étudier et observer le ciel.

L'Astrologie : elle est né des statistiques réalisées par des savants qui notèrent, au fil des siècles, des similitudes de caractère et de comportement entre des êtres nés sous les mêmes influences planétaires. L'Astrologie fut codifiée peu à peu. Elle fait partie des Sciences Humaines, comme la Psychologie.

Les Constellations : depuis les origines, les constellations ont bougé mais elles ont gardé les mêmes noms. Peu à peu, ces noms n'ont plus "collé" à la réalité, ils sont devenus symboliques.

Les Maisons : elles sont le reflet sur terre de ce qui se passe dans le ciel. Pour plus de facilité, la terre a été divisée en 12 secteurs, représentant toutes les faces du destin d'un sujet. Il est évident que les maisons ne peuvent être interprètées que dans le cadre d'un thème individuel.

Voilà, je pense, les quelques données indispensables pour comprendre l'astrologie. Bien entendu, il existe dans le monde des astrologies différentes, mais, confrontées les unes aux autres, dans le cadre de l'analyse d'un thème, les résultats sont sensiblement identiques.

Peut-on assimiler astrologue et voyant ? Les puristes de l'astrologie s'inscrivent en faux mais de nombreux astrologues affirment pourtant que l'astrologie, comme le tarot ou la géomancie sont des portes ouvertes sur la voyance. Une opinion qu'ils se gardent bien d'exprimer en public, l'astrologie ayant une aura de sérieux quasi scientifique.

ASTROLOGIE ET ORDINATEUR

Quant à l'utilisation de l'ordinateur pour dresser un thème, que faut-il en penser ? Beaucoup de bien s'il s'agit seulement d'effectuer le travail technique de positionnement des planètes qui, jadis, demandait à l'astrologue de nombreuses heures de travail fastidieux. Quant à l'interprétation, elle ne peut être sérieusement traitée qu'avec des paramètres individuels et un dialogue personnalisé. A défaut, un thème sur ordinateur , même standardisé, peut donner déjà de précieux renseignements, dans la mesure où ses données ont été conçues par un astrologue talentueux.

Après ce petit tour d'horizon, je vous souhaite une bonne lecture et je vous donne rendez-vous en fin de parcours, pour vous parler de mon métier, tel que je le conçois. Tel que je l'aime.

Brice Saint Clair

COMMENT
TROUVER VOTRE
ASCENDANT

Calculez soi-même son   ascendant relève de la
haute voltige pour celui qui n'est pas initié à l'astrologie et familiarisé avec les éphémérides. Si
vous êtes dans ce cas, voici une méthode simpli-
fiée, moins précise certes que la méthode tradi-
tionnelle mais dont la marge d'erreur ne dépasse
pas 5¨%. Il ne peut, en effet y avoir de doute que
dans l'hypothèse où vous seriez "à cheval sur
deux signes" en raison d'une heure de naissance
se situant à la lisière du changement d'ascendant.
Si tel est le cas, n'hésitez pas à me consulter sur
le 3615 SaintClair pour plus de certitude. Autre-
ment, voici pour vous une "batterie" de tableaux
qui vous renseigneront utilement, j'en suis certain. Pour ce faire, consultez la colonne qui cor-

respond à votre date de naissance puis, dans cette colonne, l'heure de votre naissance. Vous trouverez votre ascendant, en vis-à-vis, dans la colonne de droite. Petite précision complémentaire : si vous êtes né en été et dans un pays appliquant l'heure d'été, retranchez une heure à votre heure de naissance.

SI VOUS ETES NÉ BÉLIER ENTRE LES :

21/3 - 30/3	1/4 - 9/4	10/4 - 20/4	Votre Ascendant
6 h 30 - 7 h 30	5 h 50 - 6 h 50	5 h 10 - 6 h 10	Bélier
7 h 30 - 8 h 50	6 h 50 - 8 h 10	6 h 10 - 7 h 30	Taureau
8 h 50 - 10 h 30	8 h 10 - 9 h 50	7 h 30 - 9 h 10	Gémeaux
10 h 30 - 13 h 00	9 h 50 - 12 h 20	9 h 10 - 11 h 40	Cancer
13 h 00 - 15 h 50	12 h 20 - 15 h 10	11 h 40 - 14 h 30	Lion
15 h 50 - 18 h 30	15 h 10 - 17 h 50	14 h 30 - 17 h 10	Vierge
18 h 30 - 21 h 10	17 h 50 - 20 h 30	17 h 10 - 19 h 50	Balance
21 h 10 - 24 h 00	20 h 30 - 23 h 20	19 h 50 - 2 h 40	Scorpion
0 h 00 - 2 h 20	23 h 20 - 1 h 40	22 h 40 - 1 h 00	Sagittaire
2 h 20 - 4 h 10	1 h 40 - 3 h 30	1 h 00 - 2 h 50	Capricorne
4 h 10 - 5 h 30	3 h 30 - 4 h 50	2 h 50 - 4 h 10	Verseau
5 h 30 - 6 h 30	4 h 50 - 5 h 50	4 h 10 - 5 h 10	Poissons

SI VOUS ETES NÉ TAUREAU ENTRE LES :

21/4 - 30/4	1/5 - 10/5	11/5 - 21/5	Votre Ascendant
4 h 25 - 5 h 25	3 h 45 - 4 h 45	3 h 05 - 4 h 05	Bélier
5 h 25 - 6 h 45	4 h 45 - 6 h 05	4 h 05 - 5 h 25	Taureau
6 h 45 - 8 h 25	6 h 05 - 7 h 45	5 h 25 - 7 h 05	Gémeaux
8 h 25 - 10 h 55	7 h 45 - 10 h 15	7 h 05 - 9 h 35	Cancer
10 h 55 - 13 h 45	10 h 15 - 13 h 05	9 h 35 - 12 h 25	Lion
13 h 45 - 16 h 25	13 h 05 - 15 h 45	12 h 25 - 15 h 05	Vierge
16 h 25 - 19 h 05	15 h 45 - 18 h 25	15 h 05 - 17 h 45	Balance
1g h 05 - 21 h 55	18 h 25 - 21 h 15	17 h 45 - 20 h 35	Scorpion
21 h 55 - 0 h 15	21 h 15 - 23 h 35	20 h 35 - 22 h 50	Sagittaire
0 h 15 - 2 h 05	23 h 35 - 1 h 25	22 h 50 - 0 h 45	Capricorne
2 h 05 - 3 h 25	1 h 25 - 2 h 45	0 h 45 - 2 h 05	Verseau
3 h 25 - 4 h 25	2 h 45 - 3 h 45	2 h 05 - 3 h 05	Poissons

SI VOUS ETES NÉ GÉMEAUX ENTRE LES:

22/5 - 31/5	1/6 - 10/6	11/6 - 21/6	Votre Ascendant
2 h 25 - 3 h 25	1 h 45 - 2 h 45	1 h 05 - 2 h 05	Bélier
3 h 25 - 4 h 45	2 h 45 - 4 h 05	2 h 05 - 3 h 25	Taureau
4 h 45 - 6 h 25	4 h 05 - 5 h 45	3 h 25 - 5 h 05	Gémeaux
6 h 25 - 8 h 55	5 h 45 - 8 h 15	5 h 05 - 7 h 35	Cancer
8 h 55 - 11 h 45	8 h 15 - 11 h 05	7 h 35 - 10 h 25	Lion
11 h 45 - 14 h 25	11 h 05 - 13 h 45	10 h 25 - 13 h 05	Vierge
14 h 25 - 17 h 05	13 h 45 - 16 h 25	13 h 05 - 15 h 45	Balance
17 h 05 - 19 h 55	16 h 25 - 19 h 15	15 h 45 - 18 h 35	Scorpion
19 h 55 - 22 h 15	19 h 15 - 21 h 35	18 h 35 - 20 h 55	Sagittaire
22 h 15 - 0 h 05	21 h 35 - 23 h 25	20 h 55 - 22 h 45	Capricorne
0 h 05 - 1 h 25	23 h 25 - 0 h 45	2 h 45 - 0 h 05	Verseau
1 h 25 - 2 h 25	0 h 45 - 1 h 45	0 h 05 - 1 h 05	Poissons

SI VOUS ETES NÉ CANCER ENTRE LES:

22/6 - 1/7	2/7 - 12/7	13/7 - 22/7	Votre Ascendant
0 h 20 - 1 h 20	23 h 40 - 0 h 40	23 h 00 - 24 h 00	Bélier
1 h 20 - 2 h 40	0 h 40 - 2 h 00	0 h 00 - 1 h 20	Taureau
2 h 40 - 4 h 20	2 h 00 - 3 h 40	1 h 20 - 3 h 00	Gémeaux
4 h 20 - 6 h 50	3 h 40 - 6 h 20	3 h 00 - 5 h 30	Cancer
6 h 50 - 9 h 40	6 h 20 - 9 h 00	5 h 30 - i3 h 20	Lion
9 h 40 - 12 h 20	9 h 00 - 11 h 40	8 h 20 - 11 h 00	Vierge
12 h 20 - 15 h 00	11 h 40 - 14 h 20	11 h 00 - 13 h 40	Balance
15 h 00 - 17 h 50	14 h 20 - 17 h 10	13 h 40 - 16 h 30	Scorpion
17 h 50 - 20 h 10	17 h 10 - 19 h 30	16 h 30 - 18 h 50	Sagittaire
20 h 10 - 22 h 00	19 h 30 - 21 h 20	18 h 50 - 20 h 40	Capricorne
22 h 00 - 23 h 20	21 h 20 - 22 h 40	20 h 40 - 22 h 00	Verseau
23 h 20 - 0 h 20	22 h 40 - 23 h 40	22 h 00 - 23 h 00	Poissons

SI VOUS ETES NÉ LION ENTRE LES:

23/7 - 2/8	3/8 - 12/8	13/8 - 23/8	Votre Ascendant
22 h 20 - 23 h 20	21 h 40 - 22 h 40	21 h 00 - 22 h 00	Bélier
23 h 20 - 0 h 40	2 h 40 - 24 h 00	22 h 00 - 23 h 20	Taureau
0 h 40 - 2 h 20	0 h 00 - 1 h 40	23 h 20 - 1 h 00	Gemeaux
2 h 20 - 4 h 50	1 h 40 - 4 h 10	1 h 00 - 3 h 30	Cancer
4 h 50 - 7 h 40	4 h 10 - 7 h 00	3 h 30 - 6 h 20	Lion
7 h 40 - 9 h 20	7 h 00 - 9 h 40	6 h 20 - 9 h 00	Vierge
9 h 20 - 12 h 00	9 h 40 - 11 h 20	9 h 00 - 10 h 40	Balance
12 h 00 - 14 h 50	11 h 20 - 14 h 10	10 h 40 - 13 h 30	Scorpion
14 h 50 - 18 h 10	14 h 10 - 17 h 30	13 h 30 - 16 h 50	Sagittaire
18 h 10 - 20 h 00	17 h 30 - 19 h 20	16 h 50 - 18 h 40	Capricorne
20 h 00 - 21 h 20	19 h 20 - 20 h 40	18 h 40 - 20 h 00	Verseau
21 h 20 - 2 h 20	20 h 40 - 21 h 40	20 h 00 - 21 h 00	Poissons

SI VOUS ETES NÉ VIERGE ENTRE LES:

24/8 - 2/9	3/9 - 12/9	13/9 - 23/9	Votre Ascendant
20 h 20 - 21 h 20	19 h 40 - 20 h 40	19 h 00 - 20 h 00	Bélier
21 h 20 - 22 h 40	20 h 40 - 22 h 00	20 h 00 - 21 h 20	Taureau
22 h 40 - 0 h 20	2 h 00 - 23 h 40	21 h 20 - 23 h 00	Gémeaux
0 h 20 - 2 h 50	23 h 40 - 2 h 10	23 h 00 - 1 h 30	Cancer
2 h 50 - 5 h 40	2 h 10 - 5 h 00	1 h 30 - 4 h 20	Lion
5 h 40 - 8 h 20	5 h 00 - 7 h 40	4 h 20 - 7 h 00	Vierge
8 h 20 - 11 h 00	7 h 40 - 10 h 20	7 h 00 - 9 h 40	Balance
11 h 00 - 13 h 50	10 h 20 - 13 h 10	9 h 40 - 12 h 30	Scorpion
13 h 50 - 16 h 10	13 h 10 - 15 h 30	12 h 30 - 14 h 50	Sagittaire
16 h 10 - 18 h 00	15 h 30 - 17 h 20	14 h 50 - 16 h 40	Capricorne
18 h 00 - 19 h 20	17 h 20 - 18 h 40	16 h 40 - 18 h 00	Verseau
19 h 20 - 20 h 20	18 h 40 - 19 h 40	18 h 00 - 19 h 00	Poissons

SI VOUS ETES NÉ BALANCE ENTRE LES:

24/9 - 3/10	4/10 - 13/10	14/10 - 23/10	Votre Ascendant
18 h 10 - 19 h 10	17 h 30 - 18 h 30	16 h 50 - 17 h 50	Bélier
19 h 10 - 20 h 30	18 h 30 - 19 h 50	17 h 50 - 19 h 10	Taureau
20 h 30 - 22 h 10	19 h 50 - 21 h 30	19 h 10 - 20 h 50	Gémeaux
2 h 10 - 0 h 40	21 h 30 - 24 h 00	20 h 50 - 23 h 30	Cancer
0 h 40 - 3 h 30	0 h 00 - 2 h 50	23 h 30 - 2 h 10	Lion
3 h 30 - 6 h 10	2 h 50 - 5 h 30	2 h 10 - 4 h 50	Vierge
6 h 10 - 8 h 50	5 h 30 - 8 h 10	4 h 50 - 7 h 30	Balance
8 h 50 - 11 h 40	8 h 10 - 11 h 00	7 h 30 - 10 h 20	Scorpion
11 h 40 - 14 h 00	11 h 00 - 13 h 20	10 h 20 - 12 h 40	Sagittaire
14 h 00 - 15 h 50	13 h 20 - 15 h 10	12 h 40 - 14 h 30	Capricorne
15 h 50 - 17 h 10	15 h 10 - 16 h 30	14 h 30 - 15 h 50	Verseau
17 h 10 - 18 h 10	16 h 30 - 17 h 30	15 h 50 - 16 h 50	Poissons

SI VOUS ETES NÉ SCORPION ENTRE LES:

24/10 - 3/11	4/11 - 13/11	14/11 - 23/11	Votre Ascendant
16 h 10 - 17 h 10	15 h 30 - 16 h 30	14 h 50 - 15 h 50	Bélier
17 h 10 - 18 h 30	16 h 30 - 17 h 50	15 h 50 - 17 h 10	Taureau
18 h 30 - 20 h 10	17 h 50 - 19 h 30	17 h 10 - 18 h 50	Gémeaux
20 h 10 - 2 h 40	19 h 30 - 2 h 00	18 h 50 - 21 h 20	Cancer
2 h 40 - 1 h 30	2 h 00 - 0 h 50	21 h 20 - 0 h 10	Lion
1 h 30 - 4 h 10	0 h 50 - 3 h 30	0 h 10 - 2 h 50	Vierge
4 h 10 - 6 h 50	3 h 30 - 6 h 10	2 h 50 - 5 h 30	Balance
6 h 50 - 9 h 40	6 h 10 - 9 h 00	5 h 30 - 8 h 00	Scorpion
9 h 40 - 12 h 00	9 h 00 - 11 h 20	8 h 00 - 10 h 40	Sagittaire
12 h 00 - 13 h 50	11 h 20 - 13 h 10	10 h 40 - 12 h 30	Capricorne
13 h 50 - 15 h 10	13 h 10 - 14 h 30	12 h 30 - 13 h 50	Verseau
15 h 10 - 16 h 10	14 h 30 - 15 h 30	13 h 50 - 14 h 50	Poissons

SI VOUS ETES NÉ SAGITTAIRE ENTRE LES:

24/11 - 3/12	4/12 - 13/12	14/12 - 2/12	Votre Ascendant
14 h 10 - 15 h 10	13 h 30 - 14 h 30	12 h 50 - 13 h 50	Bélier
15 h 10 - 16 h 30	14 h 30 - 15 h 50	13 h 50 - 15 h 10	Taureau
16 h 30 - 18 h 10	15 h 50 - 17 h 30	15 h 10 - 16 h 50	Gemeaux
18 h 10 - 20 h 40	17 h 30 - 20 h 00	16 h 50 - 19 h 20	Cancer
20 h 40 - 23 h 30	20 h 00 - 2 h 50	19 h 20 - 22 h 10	Lion
23 h 30 - 2 h 10	2 h 50 - 1 h 30	2 h 10 - 0 h 50	Vierge
2 h 10 - 4 h 50	1 h 30 - 4 h 10	0 h 50 - 3 h 30	Balance
4 h 50 - 7 h 40	4 h 10 - 7 h 00	3 h 30 6 h 20	Scorpion
7 h 40 - 10 h 00	7 h 00 - 9 h 20	6 h 20 - 8 h 40	Sagittaire
10 h 00 - 11 h 50	9 h 20 - 11 h 00	8 h 40 - 10 h 30	Capricorne
11 h 50 - 13 h 10	11 h 00 - 12 h 30	10 h 30 - 11 h 50	Verseau
13 h 10 - 14 h 10	12 h 30 - 13 h 30	11 h 50 - 12 h 50	Poissons

SI VOUS ETES NÉ CAPRICORNE ENTRE LES:

23/12 - 1/1	2/1 - 11/1	12/1 - 20/1	Votre Ascendant
12 h 15 13 h 15	11 h 35 - 12 h 35	10 h 55 - 11 h 55	Bélier
13 h 15 14 h 35	12 h 35 - 13 h 55	11 h 55 13 h 15	Taureau
14 h 35 - 16 h 15	13 h 55 - 15 h 35	13 h 15 - 14 h 55	Gemeaux
16 h 15 - 18 h 45	15 h 35 - 18 h 05	14 h 55 - 17. h 25	Cancer
18 h 45 - 21 h 35	18 h 05 - 20 h 55	17 h 25 - 20 h 15	Lion
21 h 35 - 0 h 15	20 h 55 - 23 h 35	20 h 15 - 2 h 55	Vierge
0 h 15 - 2 h 55	23 h 35 - 2 h 15	22 h 55 - 1 h 35	Balance
2 h 55 - 5 h 45	2 h 15 - 5 h 05	1 h 35 - 4 h 25	Scorpion
5 h 45 - 8 h 05	5 h 05 - 7 h 25	4 h 25 - 6 h 45	Sagittaire
8 h 05 - 9 h 55	7 h 25 9 h 15	6 h 45 - 8 h 35	Capricorne
9 h 55 11 h 15	9 h 15 ~ 10 h 35	8 h 35 - 9 h 55	Verseau
11 h 15 - 12 h 15	10 h 35 - 11 h 35	9 h 55 - 10 h 55	Poissons

SI VOUS ETES NÉ VERSEAU ENTRE LES:

21/1 - 31/1	1/2 - 9/2	10/2 - 19/2	Votre Ascendant
10 h 20 - 11 h 20	9 h 40 - 10 h 40	9 h 00 - 10 h 00	Bélier
11 h 20 - 12 h 40	10 h 40 - 12 h 00	10 h 00 - 11 h 20	Taureau
12 h 40 - 14 h 20	12 h 00 - 13 h 40	11 h 20 - 13 h 00	Gémeaux
14 h 20 - 16 h 50	13 h 40 - 16 h 10	13 h 00 - 15 h 30	Cancer
16 h 50 - 19 h 40	16 h 10 - 19 h 00	15 h 30 - 18 h 20	Lion
19 h 40 - 2 h 20	19 h 00 - 21 h 40	18 h 20 - 21 h 00	Vierge
22 h 20 - 1 h 00	21 h 40 - 0 h 20	21 h 00 - 23 h 40	Balance
1 h 00 - 3 h 50	0 h 20 - 3 h 10	23 h 40 - 2 h 30	Scorpion
3 h 50 - 6 h 10	3 h 10 - 5 h 30	2 h 30 - 4 h 50	Sagittaire
6 h 10 - 8 h 00	5 h 30 - 7 h 20	4 h 50 - 6 h 40	Capricorne
8 h 00 - 9 h 20	7 h 20 - 8 h 40	6 h 40 - 8 h 00	Verseau
9 h 20 - 10 h 20	8 h 40 - 9 h 40	8 h 00 - 9 h 00	Poissons

SI VOUS ETES NÉ POISSONS ENTRE LES:

20/2 - 2/3	3/3 - 10/3	11/3 - 20/3	Votre Ascendant
8 h 30 - 9 h 30	7 h 50 - 8 h 50	7 h 10 - 8 h 10	Bélier
9 h 30 - 10 h 50	8 h 50 - 10 h 10	8 h 10 - 9 h 30	Taureau
10 h 50 - 12 h 30	10 h 10 - 11 h 50	9 h 30 - 11 h 10	Gemeaux
12 h 30 - 15 h 00	11 h 50 - 14 h 20	11 h 10 - 13 h 40	Cancer
15 h 00 - 17 h 50	14 h 20 - 17 h 10	13 h 40 - 16 h 30	Lion
17 h 50 - 20 h 30	17 h 10 - 19 h 50	16 h 30 - 19 h 10	Vierge
20 h 30 - 23 h 10	19 h 50 - 22 h 30	19 h 10 - 21 h 50	Balance
23 h 10 - 2 h 00	2 h 30 - 1 h 20	21 h 50 - 0 h 40	Scorpion
2 h 00 - 4 h 20	1 h 20 - 3 h 40	0 h 40 - 3 h 00	Sagittaire
4 h 20 - 6 h 10	3 h 40 - 5 . h 30	3 h 00 - 4 h 50	Capricorne
6 h 10 - 7 h 30	5 h 30 - 6 h 50	4 h 50 - 6 h 10	Verseau
7 h 30 - 8 h 30	6 h 50 - 7 h 50	6 h 10 - 7 h 10	Poissons

QUEL EST EXACTEMENT VOTRE SIGNE DU ZODIAQUE?

Les variations de signe zodiacal de l'ordre d'une journée que l'on relève dans certaines publications, s'expliquent par le fait que le soleil n'entre pas dans les signes le même jour chaque année, ni le même jour du mois, chaque mois, du fait qu'il y a 360° dans le zodiaque, et 365 jours 1/4 dans l'année zodiacale, - il y a 28 à 31 jours dans le mois. Le soleil ne décrit pas sa courbe à la même vitesse à tous moments: il va plus vite de 4 minutes par jour début janvier par rapport à début juillet. Ainsi certaines personnes nées à la fin d'un signe ou au début d'un autre, se croient « nées en marge ». La date et l'heure exacte de leur naissance sont donc indispensables à la détermination de leur signe.

Dans ce livre, nous utilisons le tableau le plus couramment utilisé :

BELIER	21 mars	20 avril
TAUREAU	21 avril	20 mai
GEMEAUX	21 mai	21 juin
CANCER	22 juin	22 juillet
LION	23 juillet	22 août
VIERGE	23 août	22 septembre
BALANCE	23 septembre	22 octobre
SCORPION	23 octobre	21 novembre
SAGITTAIRE	22 novembre	20 décembre
CAPRICORNE	21 décembre	19 janvier
VERSEAU	20 janvier	18 février
POISSONS	19 février	20 mars

CARACTERE
ET PSYCHOLOGIE

Sans entrer dans des complications techniques, il est facile de retenir que le Bélier est un signe qui correspond à l'Elément Feu, car il existe quatre Eléments qui sont : le Feu, la Terre, l'Air et l'Eau dans la symbolique occulte. C'est donc le Feu qui caractérise le Bélier. Si vous pensez à ce qu'est le Feu, vous comprendrez mieux les détours de la psychologie du natif du premier des signes du Zodiaque. Qui dit Feu dit chaleur sèche, lumière, vivacité, et parfois accidents.

Sachez que le Bélier est dominé, on dit même gouverné en Astrologie, par la planète Mars. Mars qui s'appelait Arès dans la mythologie grecque, était chez les Anciens le dieu de la guerre, des combats, de la force physique alliée à la violence. Si le nom de ce dieu a été donné à la planète rouge qui nous intrigue beaucoup, c'est parce que ces memes anciens avaient re-marqué que cette planète, selon sa position dans le ciel, a parfois une influence très caractéris-tique sur les actions humaines et cette influence se traduit par des actes de violence. On en dé-duira que les natifs du signe du Bélier sont des gens violents.

FER ET SAVOIR FAIRE

Enfin, comme à chaque signe du zodiaque cor-respond un métal, c'est le fer que l'on attribue au Bélier. Chez ce natif, le Fer jouera donc un rôle important.

Comme si cela tenait au fait qu'il est le premier des signes de l'année, l'année astrologique commençant le 21 mars, le Bélier n'est pas un personnage à la psychologie compliquée. Il est simple, sans détours, et, au cours de sa vie, ne change pas ou peu. Il ne faut pourtant pas aller trop loin et le considérer comme très très simple, comme enfantin, comme naif, comme ignorant des raffinements et des complexités de la vie. Il est simple, cela veut dire qu'il se livre sans détours à l'impulsion du moment. Et il s'y livre totalement, ne réservant pas, dans son psy-chisme, ces recoins de pénombre qui jettent le doute sur tout ce qui l' entoure.

Nous sommes donc devant un personnage igno-rant les complications et les voies tortueuses conduisant tant de gens vers un but soigneuse-ment dissimulé. Un Bélier agit avec franchise et spontanéité. Il est placé sous l'influence de deux impératifs: sa générosité et son caprice.

Sa personnalité rayonne à travers des manières charmantes par une grande force mentale qui a plus de chaleur et d'ardeur que de profondeur; une influence aigüe, énergique, intrépide, courageuse, dépourvue autant de timidité que d'ostentation, le rend libre envers chacun et envers chaque chose. Il a, pour employer l'expression classique, une psychologie . primaire, ce qui signifie uniquement qu'il réagit à son premier mouvement, qu'il n'hésite pas et qu'il est direct.

ORIENTE VERS L'AVENIR

En même temps qu'il agit selon des impulsions spontanées, le natif du Bélier se révèle particulièrement orienté vers l'avenir. Il sera difficilement archiviste ou antiquaire; il pense à demain plutôt qu'à hier. Il va de l'avant. Il vit donc constamment dans la perspective des jours à venir et, par une curieuse disposition, il est rarement en mesure d'évaluer les difficultés qui l'attendent. Pour un Bélier, la catastrophe lui tombe sur la tête toujours à l'improviste. Il ne l'a pas prévue. Quand il regarde l'avenir, il y voit ce qu'il veut en faire, mais rarement ce que cet avenir peut faire de lui. Le futur, pour lui, est toujours paré du prestige merveilleux de ce qui est à accomplir, ce qui est à créer, ce qui n'est pas encore, donc ce qui n'a pu apporter de déception.

Le Bélier qui vit au présent et ne pense qu'à l'avenir, a la mémoire courte; il oublie vite les déceptions une fois qu'il les a subies et généralement dépassées. Courageux et fort, un Bélier surmonte l'adversité, si imprévue qu'elle soit à ses yeux.

IMPULSIF ET VIOLENT

Le natif du Bélier voit la vie au présent et dans un futur immédiat. Pour lui, ce qui compte, c'est ce qui est en train de se passer; ce n'est ni ce qui est achevé, ni ce qui arrivera dans un certain temps. Il est tourné vers l'avenir mais baigne intégralement dans le présent. On assiste donc, avec un Bélier, à des élans, des engouements, des passions pour les faits du moment. Pas de leçons du passé, il ne s'en souvient pas. Ce personnage, qui mobilise toutes ses forces au profit des circonstances présentes, est fondamentalement un impulsif. Mais un impulsif dominé par la violence.

La colère, chez le Bélier a la soudaineté de l'éclair et le volume de la foudre. Un rien peut la déclencher mais on notera que ce fait minime est toujours clair et net : aucune suspicion mijotant pendant des jours, des semaines et des mois. Pas de vengeance, non plus ! Le Bélier réagit sur l'instant à ce qui le fâche, puis il n'y pense plus. Il se lancera facilement dans les aventures les plus compliquées pour répondre à son désir impulsif. Mais, s'il doit laisser passer ce qui le fâche parce que les circonstances ne lui permettent pas d'agir comme il le souhaite, il oublie, il s'attache à d'autres occupations et sa violence, cette fois, ne se manifestera pas.

UNE MEMOIRE COURTE

Qu'on ne s'y trompe pas : ce n'est jamais par manque de courage qu'un Bélier n'agit pas. Dans les rares cas où il s'abstient, c'est parce que les événements se sont succédés assez vite pour que le second fasse oublier le premier.

Un Bélier est coutumier des cris et des démonstrations de rage, des explosions de fureur, des déclarations de violence : mais il ne se venge jamais. Il frappe tout de suite ou bien il pense à autre chose.

Cette violence, qui le fait se jeter tête baissée (ce qui est chez lui un mouvement habituel) sur bien des obstacles est très caractéristique. Parallèlement, la brièveté de sa mémoire le rend peu fidèle.

UNE SEDUCTION BRUTALE

Un Bélier n'est jamais le héros d'interminables romans d'amour. Ce n'est pas lui qui attendra de longues années que l'être aimé cède enfin à ses instances. Il fonce, il déclare ses sentiments vivement, nettement, clairement et puis, sans attendre, pose son ultimatum.

Résultat positif : il se hâte de passer à l'application pratique. Le Bélier aime les enfants, il apprécie un foyer jeune et moderne, il admire ceux qui vivent intensément, ils sont ses modèles.

Résultat négatif : le Bélier s'en va aussi vite qu'il était venu et, dans l'immense multitude humaine, il trouve assez vite une nouvelle âme sœur pour parcourir à deux ce qu'il considère comme un chemin semé de fleurs printanières.

DES CONQUETES RAPIDES

Mais, lorsqu'il a fondé une famille, reste-t-il tranquille, enfin ? Peut-être, si les principes de la morale courante ont prédominé chez lui; mais pour peu qu'il ait subi des influences libertaires, il va s'en aller à travers la vie baguenauder de-ci de- là et faire quelques conquêtes rapides et passionnées qu'il abandonnera dès qu'il sentira que son foyer pourrait se trouver en danger de dislocation. Il n'est pas très fidèle...mais il est constant ! Sa violence est une violence gaie.

DES JEUX D'ENFANT ANIMES

N'oublions jamais qu'il est né avec le printemps; il n'y a rien de dramatique en lui et ses jeux d'enfant ont été comme sera sa vie: animés, brutaux, superficiels et parfois producteurs de plaies et bosses. Surtout à la tête.

SPORTIF OU MILITAIRE

Sa violence l'entrainera plus tard à des jeux plus risqués, des « enduros » à motocyclette, ou la conduite la plus hardie de l'automobile. En aviation, il peut réussir, mais sa grande destinée, c'est sur les champs de bataille qu'il pourra la jouer le mieux. Le Bélier est de la race qui fait les grands sportifs et les militaires de carrière.

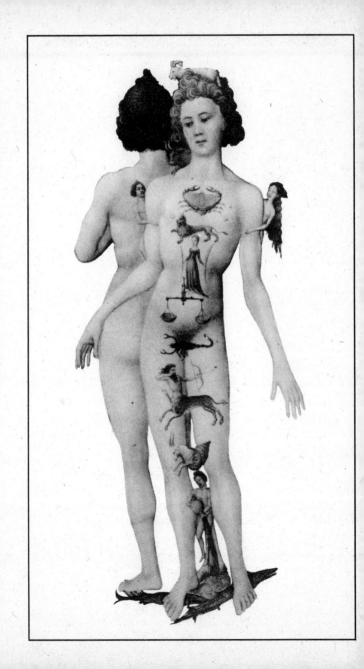

L'HOMME-ZODIAQUE

On s'est aperçu que les constellations, ou signes du Zodiaque, avaient un effet sur l'état de santé en agissant sur une partie déterminée du corps. En effet, si l'on place ces constellations sur le schéma d'un corps humain, chacune correspond nettement à un organe.

On a ensuite constaté que notre système solaire est composé de huit planètes tournant autour du Soleil à des vitesses différentes. Elles se trouvent relativement proches de la Terre, et ont aussi une influence sur nous selon leur position à notre naissance et au cours de notre vie.

L'Homme-Zodiaque, se présente comme suit:

le Bélier correspond à la tête;

le Taureau à la bouche et au cou;

les Gémeaux aux épaules et aux poumons;

le Cancer aux cavités organiques comme l'estomac;

le Lion au cœur;
la Vierge à l'appareil digestif;
la Balance aux plexus solaire;
le Scorpion aux organes sexuels;
le Sagittaire aux cuisses et aux muscles en général;
le Capricorne aux genoux et aux os;
le Verseau aux jambes et au système circulatoire;
les Poissons aux chevilles et aux pieds.

LES TEMPÉRAMENTS

Les quatre éléments déterminent donc un certain nombre de caractéristiques chez les natifs des différents signes. Les planètes agissent aussi et ont un rapport avec les éléments; tout cela détermine les caractéristiques générales suivantes:
- le tempérament bilieux, qui correspond à l'élément Feu; il est passionné, musclé, maitre de ses réactions et vif;
- le nerveux, qui correspond à l'élément Terre et qui a une vie cérébrale intense;
- le sanguin, marqué par l'Air agissant sur l'appareil respiratoire, qui est un euphorique et un optimiste;
- enfin le lymphatique, sous l'influence de l'élément Eau agissant sur l'appareil digestif et les organes de la nutrition; c'est un instinctif et un rêveur.

L'INFLUENCE DU SIGNE ASCENDANT

Les différences existant entre deux natifs d'un même signe ont plusieurs sources, et parmi celles-ci, il y a le signe ascendant.

Ce signe n'est pas plus important que le signe solaire, mais il crée néanmoins des différences entre les natifs d'un même signe. Nous allons voir les diverses modifications sur le Bélier.

Si vous ne connaissez pas votre ascendant, reportez-vous aux tableaux, en première partie de ce livret, qui vous permettront de le déterminer. Toutefois, si vous présentez des caractéristiques particulières : lisière entre deux signes, naissance aux antipodes... N'hésitez pas à pianoter le 3615 SaintClair qui vous donnera des précisions à ce sujet.

BÉLIER ASCENDANT BÉLIER

Le signe solaire est le Bélier et le signe ascendant est aussi le Bélier : on se trouve devant une personnalité correspondant de très près au portrait du Bélier tel qu'il vient d'être décrit. Il faut donc s'attendre à un être bon et généreux, mais très violent. Il devra craindre les blessures à la tête et par le fer.

BÉLIER ASCENDANT TAUREAU

La patience du Taureau atténue, chez le natif du Bélier, cette impulsivité et cette vivacité qui le font se précipiter sur de nouveaux projets tête baissée, avant même d'avoir les résultats de son travail en cours.

Le Bélier aura plus de chances de succès. Cet ascendant Taureau apporte en outre de la mémoire, de la réflexion, de la persévérance et beaucoup d'intelligence du cœur. Malheureusement beaucoup de jalousie aussi, des colères sans objet et une tendance à ne pas savoir limiter ses efforts. Risques de surmenage à prévoir, avec leur cortège de petits désagréments. Le Bélier-Taureau est du bois dont on fait les grands stressés et les "paranos galopantes"...

BÉLIER ASCENDANT GEMEAUX

Tout ce qui est jeunesse, vivacité, impulsivité et esprit d'entreprise est accentué, ajoutant charme et efficacité à la personnalité du Bélier. Le Gémeaux étant gouverné par la planète Mercure, les déplacements et les communications sont ses spécialités. Le Bélier en recevra l'influence et cela agrandira ses capacités professionnelles. L'aviation le tentera davantage avec ce signe d'Air et peut être les métiers du tourisme et du reportage.

BÉLIER ASCENDANT CANCER

L'ascendant Cancer apporte surtout l'influence de la Lune. Un Bélier, si près de la réalité quotidienne et pénètré de précision technique plutôt que de poésie, se trouvera parfois embarrassé de sa propre complexité. Il peut y avoir pourtant une très grande harmonie dans ce mélange et le natif du Bélier peut devenir, par suite de sa tendance au rêve, un inventeur. La psychologie secondaire et l'attachement au passé du Cancer nuanceront agréablement l'impulsivité primaire du Bélier, d'où création d'un secteur affectif et attachement au foyer, à la famille, renforcés.

BÉLIER ASCENDANT LION

Les qualités propres au signe du Bélier sont exaltées par cet ascendant qui est aussi un signe de Feu et une chance presque insolente pourrait bien sourire au natif. L'ascendant Lion apportera de plus une grande qualité manquant généralement au Bélier : la maîtrise de soi. Mais, sur le plan de la violence, aucun apaisement, plutôt une aggravation. En effet, l'ascendant Lion procurera des occasions de colère soudaine, brutale, violente, bien que courtes.

BÉLIER ASCENDANT VIERGE

La patience, le calme, la méthode sont les traits principaux que provoque le signe de la Vierge. C'est dans ce sens que la personnalité du Bélier sera modifiée par cet ascendant. Très opposés à la réalité fondamentale du natif, ces traits apportent nécessairement trouble et complication du caractère. Avec les années, cependant, un équilibre s'installe : le sujet est plus patient, il aura davantage de sens pratique, de méthode, de mémoire, mais peut-être plus de ruse.

BÉLIER ASCENDANT BALANCE

Les erreurs successives et les changements
brusques d'opinion du Bélie   atténués
par un juste équilibre de l'   ten-
dances. La dureté et la vol
lées sous une grande soup'
ractère. D'autre part, à l
Bélier pour les éléments du confort, l'ascendant
Balance apporte un correctif. Le Bélier se sentira davantage attiré vers une vie à ressources re-
gulières; il y perdra un peu de ce qui fait son ori-
ginalité : à lui d'y veiller.

BÉLIER ASCENDANT SCORPION.

Cet ascendant apporte une vitalité accrue. Cette
qualité s'ajoute à celle que connaît par son signe
solaire le Bélier. D'autre part, l'influence de
Mars est accentuée par celle de Pluton. Cela
risque de donner un caractère difficile, brusque,
changeant avec des sautes d'humeur imprévi-
sibles. Le sujet sera direct, agressif, coléreux,
mais par contre, il acquerra au maximum les
sentiments de la paternité, l'amour de ses enfants, le soin de leur avenir, avec des capacités
de sacrifice que le signe à l'état pur ne compor-
te pas au même degré, bien qu'il les connaisse.

BÉLIER ASCENDANT SAGITTAIRE

C'est Jupiter qui domine le Sagittaire dans la personnalité du Bélier. Cette présence amplifie les traits psychologiques, oriente l'individu vers la nature dans son ensemble, en particulier vers le monde animal. L'influence du "Grand Bénéfique" l'éloigne du milieu industriel et du monde des affaires. Cet ascendant, par ailleurs, apporte un supplément d'optimisme, de force communicative, mais ajoute aux explosions de colère, en même temps qu'il apporte un caractère plus communicatif, moins rapide, avec une meilleure mémoire

BÉLIER ASCENDANT CAPRICORNE

Avec un tel ascendant, situé sur le zodiaque exactement à l'opposé du Bélier, la personnalité du sujet devient complexe, avec des contradictions internes aux effets desquelles l'entourage devra s'attendre. Mais cet ascendant apportera aussi un esprit méthodique et pratique.

Le Bélier-Capricorne se fera remarquer pour son sens inné de la précision et sa patience. Tous les traits d'un organisateur alors que, par nature première, le Bélier est un novateur. Cela peut conduire aux plus grandes chances dans la vie.

BÉLIER ASCENDANT VERSEAU

Le Verseau est un signe fin de cycle, à peine animal, presque entièrement intellectualisé, s'intéressant à des questions universelles. Il apporte au Bélier un élargissement considérable de son horizon : de l'enthousiasme, un idéalisme caractéristique, le goût des thèses d'avant-garde et de la sociologie. L'esprit inventif demeure et la personnalité peut se révéler exceptionnellement brillante.

BÉLIER ASCENDANT POISSONS

La personnalité du Bélier-Poissons sera exposée à des destinées extrêmes. Il se verra confronté à deux alternatives diamètralement opposées. Soit un incroyable succès, par suite d'une harmonie parfaite entre l'esprit pratique et le rêve- la vie semblant se glisser sans difficulté entre les obstacles-. Soit une harmonie ne se dessinera pas et le sujet restera un velléitaire, rêveur sans envergure, indéchiffrable, voué à l'échec.

LES PLANETES
ET LEURS SYMBOLES

Le Soleil   Il représente le principe masculin, l'animus, l'esprit, l'ego, le
plan spirituel.

La Lune   Elle représente le principe féminin, l'anima, l'inconscient, le
plan émotionnel, la sensibilité,
la famille.

Mercure   Il représente la communication,
le mouvement, le plan mental,
l'intellectualisme, les études.

Vénus   Elle représente la sexualité fémi-
nine, la tendresse, le plan senti-
mental, l'harmonie, les arts,
l'amour.

Mars   Il représente la sexualité mascu-
              line, le plan physique de l'action,
              le désir, la décision, le sport.

Jupiter   Il représente le plan social d'ex-
              pansion, le bon vivant, l'excès,
              l'éxagération, l'optimisme, les
              voyages.

Saturne   Il représente le plan social des
              responsabilités, le principe de
              contraction, la leçon karmique,
              le pessimisme.

Uranus   Il représente le plan causal, l'in-
              tuition, la surprise, la liberté,
              l'indépendance, l'astrologie, l'al-
              truisme.

Neptune   Il représente Bouddhique, la
              clairvoyance, l'inspiration, la
              musique, l'illusion, la tromperie,
              le flou.

Pluton   Il représente le plan atmique, la
              transformation, la réincarna-
              tion, le changement, l'initiation,
              la mort.

LE ROLE DES MAISONS DANS VOTRE THEME

Sans entrer dans un discours d'initié, il est important de savoir, si vous faites dresser votre thème ou celui de vos proches, quel est exactement le rôle des maisons qui se partagent symboliquement le zodiaque, pour mieux cerner les divers aspects de votre vie.

Maison I : elle symbolise votre personnalité et vous donne de plus amples renseignements sur vos qualités, défauts et aptitudes.

Maison II : c'est la maison des biens matériels, de vos rapports avec l'argent et de votre réussite sociale.

Maison III : c'est votre entourage immédiat: les frères et sœurs que vous considérez comme vos égaux et vos semblables mais qui diffèrent de vous ; les voisins ou les personnes qui sont très souvent avec vous, les êtres avec lesquels vous pouvez communiquer. C'est aussi l'école où l'on enseigne ce que vous devez savoir. Enfin ce sont les petits déplacements.

Maison IV : représente ce à quoi vous allez tenir toute votre vie; le foyer où vous vivez les premières années et les souvenirs qui s'y attachent, votre mère et votre père ou, à défaut, les personnes qui vous ont élevé; c'est le pays où vous avez vécu ces premières années et tout ce qui vous le rappelle; c'est aussi votre vie privée.

Maison V : ce sont les plaisirs de l'existence, les jeux, les joies éclatantes, les heures où l'on rit, tout ce qui compose le bonheur de chaque jour: les enfants, l'amour, les loisirs et les distractions.

Maison VI : concerne les limites imposées à vos activités; ce sont les règles auxquelles vous devez vous soumettre, le travail et les occupations (que l'on n'aime pas toujours), les régimes pour conserver ou retrouver la santé. Ce sont aussi les personnes placées sous vos ordres.

Maison VII : concerne le mariage, la façon dont vous comprenez l'existence conjugale, la personne que vous choisirez. Elle concerne aussi votre attitude envers votre entourage et enfin les associations.

L'Astrologie fait une différence entre l'amour et le mariage mais les signes peuvent indiquer que les deux concernent la même personne: vous l'aimez et vous l'épousez. Le mariage est lié aux associations et l'amour hors mariage aux loisirs; mais un mariage d'amour peut figurer dans les deux Maisons.

Maison VIII : elle donne un aspect de fatalité car elle parle de mort mais aussi d'héritage, bon ou mauvais. Elle concerne également les biens venant des autres et de votre conjoint. Elle reflète les crises et l'évolution brusque de la personnalité, parfois à cause d'expériences qui marquent très profondément.

Maison IX : c'est ce qui se trouve très loin de vous: les amis éloignés, les pays lointains, les longs voyages, mais c'est aussi la vie spirituelle.

Maison X : elle concerne la carrière du sujet, sa position dans sa profession et dans son milieu social, comment les autres le considèrent, et, éventuellement, les honneurs.

Maison XI : c'est celle des grands projets à long terme demandant une longue préparation et de grands efforts; ce sont aussi les protections possibles et leur influence sur votre destinée.

Maison XII : enfin concerne votre vie privée et ses secrets; elle traite des maladies ou maux chroniques, comme l'exil ou la solitude. Comment le sujet les subit et le bien qu'il retire de son expérience, car tout ce dont nous avons à souffrir est une leçon. Elle concerne aussi les échecs, les inimitiés, et les expériences.

RAPPORTS AVEC LES AUTRES SIGNES

BELIER-BELIER

Les deux natifs de ce même signe peuvent s'accorder, mais ils auront besoin de beaucoup de tendresse pour atténuer les scènes de violence qu'une passion réciproque risque d'engendrer. Il faudra que l'un des deux éléments du couple cède devant l'autre, sinon ce sera une véritable tornade qui pénètrera par instant ce foyer où deux violences vont s'affronter. Il est bon que la femme cède, car le signe du Bélier est mâle et jamais un homme de ce signe ne cèdera devant une autre volonté sans s'abandonner complète ment et s'annihiler, ce qui est rarement souhaité par une femme de la part de l'homme.

BELIER-TAUREAU

Celui des deux partenaires qui est le Bélier
s'étonnera de la douceur apparente et de la tendresse gaie et vivifiante d'un Taureau. Le
couple pourra connaître des heures inoubliables
surtout si le Taureau laisse parfois le Bélier
prendre des décisions. Un simple nuage: le Bélier n'est pas toujours fidèle, le Taureau est ex-
trêmement jaloux. Mais est-ce qu'on est infidè-
le quand on aime ? Si le Bélier fait quelques
écarts, ils ne seront pas de longue durée et comme il manque de mémoire...

BELIER-GEMEAUX

On ne pourra probablement pas beaucoup parler de la sérénité de ce foyer, mais il est certain
qu'on ne s'y ennuiera pas. Le Bélier, léger et
brusque, le Gémeaux, léger et ironique vont se
heurter avec probablement beaucoup d'esprit et
d'élégance dans les raccommodements. Mais
dispersés l'un et l'autre, il est possible que le
foyer reste souvent désert. Qu'importe tant qu'il
n'y a pas d'enfants sur lesquels veiller. Dès leur
venue, l'un et l'autre s'efforceront de les faire
participer à une joie de vivre qui les quitte rarement.

BELIER-CANCER

Un Cancer protège sa personnalité profonde sous une dure carapace de pudeur, de réserve, de rêve, toutes choses qu'un Bélier ne connaît ni ne comprend. L'amour seul fera craquer cette enveloppe et livrera à ce feu jeune et rapide une tendresse intérieure, une imagination passionnée, un attachement au foyer qui étonnera et ravira le Bélier. C'est par la tendresse délicate et l'adoucissement de ses ardeurs que le Bélier se fera aimer et le Cancer devra lui donner la possibilité de se détendre, mais aussi de s'amuser dans la sécurité.

BELIER-LION

Imagine-t-on le feu amoureux de la flamme ? Imagine-t-on ce rayonnement, cette chaleur, et aussi ces explosions en feu d'artifice ? Ce ne peut être qu'un amour passionné, animé, changeant mais toujours galopant sur des sommets, et rarement le calme enseveli sous des montagnes de tendresse. Cependant, cette commune passion de la vie et de ses ardeurs donnera naissance à des enfants qui seront tendrement élevés dans une admirable fantaisie et une vraie joie de vivre.

BELIER-VIERGE

Le signe de la Vierge est au féminin : homme ou femme, celui des deux partenaires qui est sous ce signe se réservera de mettre l'ordre, la méthode, une sage économie de gestion au cœur de ce foyer où l'élément à caractère masculin, le Bélier apportera le mouvement, les projets, l'ardeur de vivre. L'harmonie peut devenir totale et le couple offrir une image proche de la perfection. Ce serait une grande chance pour chacun des partenaires. Le difficile est d'amener une Vierge au mariage...

BELIER-BALANCE

Le signe de la Balance est dominé par Vénus. Rien de ce qui se rapporte à l'amour ne lui est étranger. Un couple dont un des éléments est sous ce signe est toujours un couple doué pour le bonheur. Le Bélier trouvera près d'un natif de ce signe de l'harmonie, de la tendresse, le sens de la beauté, dans une admiration amoureuse passionnée et constante. Que souhaiter de plus ? Le foyer sera toute harmonie et de nombreux amis y viendront avec plaisir. Les enfants nés d'un tel couple envieront leurs parents de s'aimer aussi fort.

BELIER-SCORPION

Deux violences mises en présence n'om jamais
créé un couple de tout repos; la passion habite le
Scorpion et l'amour hante un Bélier; ils auront
des heures inoubliables. A leur bonheur surtout
physique s'ajoutera, de la part du Scorpion, un
sens puissant du sacrifice envers la génération
qui suit: les enfants du couple auront une jeunesse gâtée et choyée qui parfois les poussera à
des faiblesses. Mais l'amour réciproque ani-
mant un tel couple passe sur tous les problèmes.

BELIER-SAGITTAIRE

Profondément, le Sagittaire n'apporte pas à ses
natifs de grandes dispositions pour la vie conjugale; seul l'amour dont est capable un natif du
Bélier peut modifier cette personnalité. Cela
pourra devenir une réussite si le Sagittaire conti-
nue, même marié, à disposer de la plus grande
liberté possible. Il n'en abusera probablement
jamais, car il est doué du sens de l'équité et il aime les enfants. Même s'il s'en éloigne parfois, il
reviendra toujours au foyer avec un grand
amour.

BELIER-CAPRICORNE

Indépendance, confiance en soi et ambition étant les trois bases de la personnalité du natif du Capricorne, le Bélier devra en tenir compte dans l'expression de son amour. Ne pas accaparer le partenaire et ne pas le contrarier. Hors ces conditions, et s'il respecte de longues heures de silences indispensables au Capricorne pour se reposer, il trouvera dans cet amour tout le bonheur souhaitable avec une grande sécurité.

BELIER-VERSEAU

Contrairement au natif du Bélier, un natif du Verseau ne se satisfait pas de simples rapports sexuels; il met dans un amour tout l'idéalisme qui l'anime et le caractérise. Par ailleurs, le Bélier apportera à ce signe très évolué un peu de la joie de vivre et de cette jeunesse qui l'animent et font de lui un être dynamique et gai.

BELIER-POISSONS

Un natif du Bélier s'étonnera chaque jour devant le charme d'un Poissons qui tient de Vénus des qualités de délicatesse, de Jupiter une tendance à la joie et à la chance, de Neptune toutes les possibilités de romanesque et de rêverie. Il l'étonnera, de son côté par sa vivacité primesautière et leur couple sera basé sur cet émerveillement réciproque.

DEFENSE
DE LA
PARAPSYCHOLOGIE

*NOUS N'AVONS NI DON, NI POUVOIR
MAIS UNE CAPACITE INTUITIVE*

Je vais, à présent, vous parler de mon Art.

- Tel que je le conçois.

- Tel que je le pratique.

- Tel qu'il est.

- Tel que je désirerais qu'il soit.

- Tel que je l'aime.

CE QUE NOUS SOMMES

Nous ne sommes ni Devins, ni Divins, ni Prophètes.

Nul d'entre nous ne peut se vanter de possèder un Don, un Pouvoir.

Nous avons simplement une capacité intuitive, que chaque être qui accepte de s'ouvrir au monde de l'Emotion, de briser les barrières du Mental, peut trouver ou retrouver.

Personnellement, si j'ai choisi la Voie du Sorcier et non celle du Voyant, du Medium, c'est que je ne veux pas seulement deviner l'Avenir ou communiquer avec d'autres plans mais avoir la possibilité d'intervenir sur le fils du Destin, d'en modifier le cours quand celà est posible.

J'utilise pour cela des techniques de Magie Naturelle ou Cérémonielle qui n'excluent pas, bien au contraire, la Foi dans le Divin.

L' Occultiste, le Mage, le Sorcier, ne sont pas Dieu. Ne se prennent pas pour Dieu. Ils n'interfèrent pas dans l'ordre de la Loi. Ils la rendent plus supportable. Du moins...ils essaient.

Ce sont des hommes comme les autres. Des Médecins de l'Ame, des Agents du Karma qui tentent d'utiliser des Rituels, des Techniques, remontant à la nuit des temps, afin d'aider leur prochain à passer des caps difficiles ou à en changer quand il y a eu une erreur d'aiguillage.

Nous ne sommes Maîtres de rien. Le Rituel est un langage. Nous en usons au mieux de nos Connaissances.

Le fait que ce Rituel soit intercédé ou non n'est pas de notre ressort.

NOTRE INTERVENTION EST UNE TECHNIQUE

Quant nous réussissons, certains crient au miracle, mais nous ne sommes pour rien dans cette réussite.

Notre intervention est une technique, apprise et appliquée.

La Messe aussi est un Rituel.

La Foi des Pélerins de Lourdes est aussi un Rituel.

Pourtant, nul ne s'insurge quand une prière n'est pas intercédée, quand le miracle attendu n'a pas eu lieu.

La Magie est une Croyance. En un temps où la liberté de pensée et de religion est admise, pourquoi crier haro sur le Sorcier ?

Chaque être est libre de sa Foi. Chaque homme est libre d'aller vers ce qu'il croit.

Aussi, je ne conçois pas que l'Art Magique et l'Art Divinatoire, les deux aspects de la Haute Science des Anciens ne soit pas légalisée.

Nous ne possèdons aucun statut. Notre seul tribut à la société est fiscal !

Il me semble étonnant et dérisoire que les deux plus vieux métiers du monde soient, précisément, situés sur le même plan !

MALGRE LES PERSECUTIONS, NOUS EXISTONS DEPUIS DES MILLENAIRES !

Car enfin, malgré les persécutions, les discrédits, nous existons depuis des millénaires.

Quant on sait qu'une Religion a une moyenne de vie de 2000 ans, on peut s'étonner que la nôtre ait survécu. Une telle longévité doit bien reposer sur quelques bases, non ?

Je m'insurge aussi quand on tente de me faire croire que tous nos patients sont des gogos, des êtres simplets ou désarmés. Je trouve cela méprisant, injuste et, surtout, totalement faux. Mon expérience de chaque jour m'enseigne le contraire.

Je ne veux pas dire, par là, qu'il n'existe pas des êtres démunis, désorientés qui ont recours à un Mage ou à un Sorcier.

Je tiens simplement à affirmer qu'ils ne constituent nullement l'essentiel de nos patients.

Ma situation géographique, mes émissions à Télé Monte-Carlo et mon style de vie m'amènent à rencontrer des gens qui ne sont ni ignares, ni pauvres, ni désaxés mais qui, désirant modifier certaines données de leur vie, pensent, croient que la Magie peut répondre à leur désir.

Cela va de l'homme d'affaires à l'homme politique, de l'artiste au chef d'état, en passant par des sociétés multi-nationales.

Et je vous assure que ces gens là ne viennent pas me voir en pleurant !

OUI UN TRAVAIL PEUT ECHOUER
MAIS NOUS DEVONS EN AVERTIR
NOS PATIENTS

Il faut savoir que tout travail occulte peut échouer. Et nous devons en avertir nos patients. Avant d'entreprendre quoi que ce soit, je fais une étude du cas qui m'est soumis. Cette étude porte sur le taux de réussite, le délai et le prix du travail. Tout cela est soumis au demandeur et consigné dans un contrat en bonne et dûe forme. C'est donc en pleine conscience que l'intervention occulte est effectuée et je ne force jamais la main à quiconque.

Quand j'ai des doutes sur la réussite possible de mon intervention, je le dis et je l'écris.

C'est au demandeur de prendre la décision et à lui seul.

Je ne précipite pas les choses et lui demande de réfléchir, surtout quand je sais que le pourcentage de réussite est faible.

Si cette personne décide qu'il faut agir quand même, malgré mes réserves, j'effectue le travail. Il faut savoir que ce travail demande beaucoup d'énergie, de temps et que je ne suis pas seul, ma Confrérie participe à la création de l'égrégore.

Alors, deux hypothèses sont possibles :

- le travail échoue et il n'est pas question de rembourser mon patient qui a décidé en pleine connaissance de cause.

- le travail réussit et il n'est pas question de demander une gratification supplémentaire.

Chacun de nous a pris des risques calculés, précis et consignés.

Le fait que la demande n'est pas été intercédée n'est pas de mon ressort.

Je dois pourtant dire, et ceci sans forfanterie, qu'un travail correctement effectué réussit dans plus de 80% des cas, même si je dois remettre sur le métier l'ouvrage ou changer de rituel.

BRICE SAINT CLAIR EXISTE... JE L'AI RENCONTRE !

BORDEAUX, Octobre 90

Depuis trois jours déjà, le fauteuil de la Star est vide. Sur le dosseret noir, en lettres d'affiche, un nom : Brice Saint Clair.
Au fronton du stand, un slogan : "Le Voyant le plus couru de la planète". Je vous sens déjà agacés. Moi aussi.
Plus loin, dans la rue-sans-joie des voyantes à pignon, en lieu et place du légendaire Padre Pio : une enfilade de photos dédicacées. Toutes les mêmes. Des photos de Brice le Beau. Le Souverain. Le Mythique. Petit Prince de l'éphèmè-

re qui symbolise la Réussite, avec un grand R, pour les tâcherons et cendrillons de l'Occulte, ici présents.

En secret, chacun-chacune rêve de rouler en Rolls, comme lui, mais...est-ce bien raisonnable ?

UN RUDOLF VALENTINO
DES TEMPS MODERNES

Qui est-il, ce météore qui, depuis quelques années, s'offre, tel l'impénètrable Juliette Récamier, sur le papier couché des magazines ?

Au début, je vous l'avoue, j'ai pensé que ce Mage n'était qu'une image. Une création de ces "usines à voyance", qui mettent un visage sur leurs ordinateurs.

Existait-il seulement ?

L'annonce de sa présence à Bordeaux, en chair et en os, m'a précipitée dans le lit de la Garonne pour voir, savoir, jauger (ne pas confondre avec juger !).

Au fil des heures qui s'étirent avant son arrivée, mon imagination bat la campagne.

Ce Rudolf Valentino des Temps Modernes serait-il protègé, sponsorisé, par un roi du pétrole ?

Un sanguinaire africain en mal de trône ?

Une princesse des mille et une nuits, échappée d'un conte de Shéhérazade ?

Un manager (celui qui gère le "mana" des autres) habile, séduit par sa plastique, l'aurait-il "starisé" à son corps défendant ?

Et si c'était un fils à papa, dilapidant sa fortune parce que l'odeur du soufre l'excite ?

Ou bien encore, vilaine hypothèse, Brice Saint Clair ne serait-il, en fait, qu'un de ces merveilleux charlatans qui bercent l'illusion pour tromper le désespoir ?

O Brice, unique objet de ma méditation, rendez-moi mon pragmatisme car déjà, avant même de vous connaître, vous m'inspirez des idées buissonnières !

D'abord, êtes-vous aussi beau que sur vos photos ? Ou ont-elles été prises quelques lustres avant, comme beaucoup d'autres !

IL CAPTE TOUT...MEME LES SILENCES

Trêve de rêverie. Ouvrons l'oeil et le bon. Le voici. Il ressemble à ses photos, en plus nature, moins gominé et surtout, plus incisif d'allure que ses langueurs sur papier le laissaient présager. Pas grandissime, non, mais svelte, délié, mobile, des allures de matador, prêt à affronter...la bête humaine. Il escalade le podium et, dès les premiers mots, je perçois l'homme de scène, l'orateur, celui qui sait écouter (et pas seulement s'écouter). Il capte tout, même les silences. Comme seuls savent le faire les adeptes des Arts Magiques, la Haute Science des Anciens. Rien ne l'arrête, ni la question perfide, ni l'agression caractérisée. Ce sont autant de boomerangs qui l'effleurent, sans le blesser, mais...gare à l'impertinent !

Pourtant, quand il refuse de répondre à une question de voyance, la salle se fait houleuse. Que fait-il là, si il n'exerce pas son Art ?

En quelques mots il retourne la situation, il va parler de lui et de la Parapsychologie. Vaste programme !

Comme les questions ne fusent pas, il raconte son enfance, sa première voyance, la découverte de ses différences. La salle passe, sans transition aucune, du rire aux larmes, de l'émerveillement au grincement de dents. Pour casser l'émotion, celle des auditeurs et la sienne, Brice parle de ses goûts de luxe, justifie le prix de ses prestations en faisant état de ses "contrats" mais aussi...du coût de l'essence pour ses Rolls. Il devance toutes les questions-piège, en jouant les citadelles de cristal. Bien sûr, il a une grande maison à Mougins, mais il faut bien que ses félins s'ébattent. Oui, il pratique la Magie, mais seulement après avoir étudié le cas de son patient et évalué, avec sa Confrérie Secrète, les pourcentages possibles de réussite. A une jeune-femme qui s'indigne de son intervention dans le karma des autres, il déclare que le Pr Barnard ne refuse pas une greffe du coeur vitale à son patient, sous prétexte que c'est son karma !

A une autre qui lui parle de sa vocation, il répond que ce terme est impropre, qu'il n'est pas Soeur Thérèsa et qu'il se fait payer, et fort cher. Mieux encore, il revendique le droit au charlatanat dans sa profession, comme dans toutes les autres

SOUPLESSE D'ESPRIT FELINE ET INTELLIGENCE DU COEUR

Vous l'aurez compris, je suis sous le charme. J'ai bazardé, dès les premières minutes, toutes mes réticences. L'homme qui est là, devant moi, est peut-être transcendé par la scène mais, qu'il soit sorcier ou vendeur de bonbons, il possède un magnétisme exceptionnel, une souplesse d'esprit féline, un humour décapant qui n'épargne personne, même pas lui. Et, surtout, une intelligence du coeur qui peut tout faire passer : même les excès.

Oui, Brice Saint Clair vaut mieux que son image. C'est un vrai professionnel de la parapsychologie, dont la seule présence peut apporter le réconfort à un consultant.

Je ne sais pas encore quelles sont ses compétences en Magie, mais ce dont je suis certaine, c'est qu'il a cultivé dans son coeur, comme dans son esprit, ce don en jachère que nous possèdons tous, depuis la nuit des temps et qui ne demande qu'à se révèler : l'intuition, le sixième sens.

Brice Saint Clair pense juste, connait le poids des mots et leur pouvoir, bases indispensables pour sonder, aider et mettre au diapason cosmique la vie des autres.

Quant à la sienne, c'est une autre histoire, celle que, précisément, il nous conte dans son livre "Profession Sorcier".

Mais...revenons à Bordeaux. La prestation de Brice Saint Clair sur le podium aura duré deux

59

heures, sans que personne dans la salle ne songe à bouger de son siège.

IL A TOUT DIT ET POURTANT...
LE MYSTERE DEMEURE

Il a tout dit : sur sa vie, son métier, ses passions, mais le mystère demeure entier. Du moins pour ceux qui ne savent pas entendre. Quelle est donc cette Confrérie Occulte qui l'assiste dans ses travaux? Comment et où a-t-il été Initié ?

Et, dans le secret de ses nuits, qui aime-t-il vraiment ? Son image, tel Narcisse ? Le jeune page Jérôme, intendant de ses bonheurs du jour ? La belle et mystique Euryal, qui hante sa maison de Mougins ? Ou encore ses félins, avec lesquels on le verrait si bien vivre "une passion dans le désert" très Balzacienne ?

Mais qui saura jamais la vraie nature du Chevalier d'Eon. Les pulsions secrètes de l'énigmatique Comte de St Germain. Les rêves ambigus du grand Cagliostro. Les délires sensuels du sombre Aleister Crowley...

Les Vrais Initiés n'ont guère le souci de leur guenille humaine. L'Amour est pour eux Vibration. Communion. Création.

Qui pourrait leur en vouloir, hormis les imbéciles, de n'avoir pas le souci de l'étiquette !

Certainement pas le public de Brice Saint Clair à Bordeaux. Car, à l'issue de sa conférence, chacun aurait aimé le consulter, hommes et femmes confondus, y compris les opposants de la première heure.

Mais, suprême habileté ou modestie vraie, Brice ne consultera personne, invitant ceux qui se pressent autour de lui à visiter les stands de ses confrères.

Oui, le fauteuil noir achèvera sa vie de fauteuil en solitaire et Brice Saint Clair demeurera, pour tous ceux qu'il a fascinés, un samedi d'octobre de l'an de grâce 1990, l'inaccessible étoile.

Pourtant, j'en témoigne, Brice Saint Clair existe. Je l'ai rencontré

Monique Tissot

Le livre autobiographique de Brice Saint Clair est paru aux Editions Robert Villon. Il en est à sa seconde impression. Vous le trouverez en librairie ou vous pouvez le commander aux Editions Robert Villon, 7 rue des Frères Roustan, 06600 Antibes. (98 F + 15 F de frais d'envoi)

RETROUVEZ BRICE SAINT CLAIR
SUR VOTRE MINITEL

36-15 SAINT CLAIR

AU MENU :

1 - MESSAGERIE DIRECTE
2 - LES FORUMS EN DIRECT
3 - BOITES AUX LETTRES
4 - MATRIMONIAL 2000 - L'AME SŒUR
5 - TOUT BRICE SAINT CLAIR
6- POSEZ VOS QUESTIONS A BRICE
7 - L'ASTROLOGIE AU QUOTIDIEN
8 - C'EST ARRIVE CE JOUR LA
9 - LES SUPER JEUX
10 - PETITES ANNONCES CLASSEES

FUTURASTRAL

La revue d'astrologie et d'ésotérisme

FUTUR**A**STRAL

N° 4
SEPTEMBRE

DOSSIER :
SPIRITISME

**L'HOROSCOPE
DE LA
RENTREE**

**GAGNEZ UN
TEE-SHIRT
FUTURASTRAL**

■ JANE FONDA : UNE STAR AUX MULTIPLES FACETTES
■ L'ASTROLOGIE AU SERVICE DE VOS FINANCES ■
EXORCISME : SCANDALE EN ALLEMAGNE ■ PROCES :
LES SORCIERES DE SALEM MEDECINE : LA GUERISON
AU BOUT DES DOIGTS

EN VENTE PARTOUT

Photos de couverture: PIERRE BOULLET